A PROPOS

DU

CODE CIVIL DU MONTENEGRO

QUELQUES MOTS

SUR

LES PRINCIPES ET LA MÉTHODE

ADOPTÉS POUR SA CONFECTION

LETTRE A UN AMI

PAR

V. BOGIŠIĆ

———— •••• ————

PARIS

CHEZ L'AUTEUR

—

1886

Paris. — Imp. polyglotte A. Labouret, passage Gourdon, 6.

A PROPOS

DU

CODE CIVIL DU MONTENEGRO

Vous m'avez plusieurs fois manifesté le désir d'avoir quelques données sur le système et la méthode adoptés pour mon travail de codification du droit civil au Montenegro. Si vous vous contentez de généralités, je puis, en raison de la phase dans laquelle le travail est entré, essayer de satisfaire jusqu'à un certain point, dès à présent, votre curiosité.

Lorsqu'on apprit que, sur l'initiative du Souverain du Montenegro, j'étais chargé de cette mission délicate, deux courants d'opinions bien distinctes se manifestèrent sur la manière dont devrait être exécutée l'entreprise.

Les uns, eu égard probablement à l'originalité frappante du pays, pensaient que les parties les plus saillantes et les plus nécessaires de la coutume seraient recueillies et simplement rédigées avec les modifications exigées par les besoins du moment; les autres, fortement attachés aux traditions du droit romain, croyaient que, sans trop se soucier de la conformité plus ou moins grande de l'œuvre avec les besoins spéciaux du pays, il suffirait de se rapprocher de la codification qui, parmi les plus célèbres ou les plus récentes, a rempli le mieux les *desiderata* de la théorie.

Sans perdre de vue les idées des théoriciens de la codification et les travaux déjà accomplis dans des entreprises semblables, on n'avait qu'à se placer au point de vue objectif, à ne se laisser entraîner ni par les théories ni par les exemples, pour être convaincu que mon travail, s'il voulait avoir quelque utilité, devait être conçu d'une manière tout à fait indépendante.

La nature de la partie du droit que j'avais à traiter, l'ensemble des conditions actuelles résultant de la vie historique du peuple, le développement ultérieur du pays, m'ont nécessairement amené à *faire une œuvre à la fois systématique et populaire.* J'ai tenu compte, d'un côté, des formes et des opinions dominantes dans la théorie et dans la pratique législatives des pays occidentaux;—de l'autre, des éléments originaux du pays même auquel le code est destiné; double but qui, vous le comprenez, ne devait pas seulement doubler les difficultés de la tâche.

Mon *Exposé de principes* vous donnerait une notion assez exacte du plan que j'ai tracé pour mon travail de codification; mais je n'ai pu, jusqu'à présent, y mettre la dernière main. Comme je ne connais pas moi-même la date à laquelle cet Exposé pourra être publié, je dois me contenter de vous en donner quelques aperçus, pour que vous puissiez vous en faire à peu près une idée. La publication de mon travail de codification étant prochaine, à moins d'obstacles imprévus, vous pourrez ainsi constater, par l'examen du texte, jusqu'à quel point j'atteins le but que je me suis proposé, et quelles modifications, souvent indépendantes de ma volonté, j'ai dû apporter en traitant les différentes questions.

I

L'Exposé commence tout d'abord par la constatation des principales différences qui existent, au point de vue historique, politique, social, législatif et juridique, entre le Montenegro et les autres pays de l'Europe, aux époques respectives de la codification de leur droit civil.

Or, de même qu'une corrélation intime doit exister entre les différentes règles du droit et les besoins propres à chaque pays, cette même corrélation doit aussi exister entre ces besoins et les différents buts généraux que le législateur se propose d'atteindre. J'ai dû en conséquence établir les conditions que mon travail de codification doit remplir, étant donnés le caractère et la vie historique exceptionnels du pays, son isolement antérieur, et son entrée récente en rapports plus intimes avec le reste de l'Europe.

Voici ces conditions :

1° Le fond du Code doit se composer des institutions et des règles du droit existant actuellement dans la vie, dans l'esprit et dans la tradition du peuple : ce qui existe ne devant être écarté ou modifié que dans le cas d'absolue nécessité.

2° Aux institutions existantes, qui forment, pour ainsi dire, le capital traditionnel du peuple, il n'en sera ajouté de nouvelles que si les rapports de la vie quotidienne l'exigent impérieusement.

3° Pour éviter tout dualisme dans le droit et pour faciliter la fusion entre les éléments nouveaux et les anciens, l'introduction des premiers devra être faite de telle sorte qu'il en résulte entre tous une communication réciproque et incessante.

4° Toutes les dispositions du Code seront conçues et formulées de façon à être appliquées sans effort par les hommes, et à l'aide des moyens dont le pays dispose.

5° Le Code doit être fait de telle sorte que, rendant toute contrainte superflue, l'introduction des parties nouvelles n'incite ni à l'enfreindre directement ni à l'éluder.

6° Par l'homogénéité de ses matières, leur disposition méthodique, la clarté de l'exposition, le Code doit être, autant que faire se peut, accessible à tous.

7° Les relations extérieures ne pouvant ni ne devant être perdues de vue, le Code doit à la fois permettre aux Monténégrins d'acquérir une notion générale du droit à l'étranger, et, aux étrangers, de se faire une idée des particularités du droit monténégrin.

8° En vue du développement ultérieur du droit dans le pays, le Code doit, loin de l'entraver, servir de base et de point de départ à ce développement, dans toutes ses branches et sous toutes ses formes.

S'il était jusqu'à un certain point facile de déterminer les différents buts à atteindre, il n'en était pas de même pour trouver les moyens d'y parvenir. Ceux-ci, d'après mon avis, doivent être aussi en parfaite corrélation avec l'ensemble des conditions propres à la vie sociale du pays.

Vous voyez dès à présent que l'Exposé, bien qu'assez développé, ne s'occupe que des questions générales.

Dès mon entrée en matière j'ai cru devoir : établir avant tout les limites extérieures du Code, c'est-à-dire les diverses parties dont il doit se composer; fixer ensuite le développement à donner à ces différentes parties et aux institutions qu'elles comprennent; signaler les principaux rapports qui existent entre le contenu du Code et la coutume; traiter l'ordre et la division des matières, et, enfin, envisager les questions de forme, c'est-à-dire la langue et le style.

II

Le sujet des limites m'a semblé si important que j'ai cru devoir l'examiner à plusieurs points de vue, avec un soin tout particulier;

aussi forme-t-il la division la plus étendue de l'Exposé et les résultats auxquels j'arrive s'éloignent-ils beaucoup de ceux qu'offre habituellement cette matière. Je vous en extrais ici les trois points principaux :

a) Tous les groupes de dispositions qu'on trouve ordinairement dans les codes civils modernes sont-ils homogènes entre eux et doivent-ils, par suite, être tous introduits dans notre Code?

b) Indépendamment de la question précédente, je me suis demandé s'il n'y a pas, dans les codes civils modernes, quelques groupes que leur nature spéciale compliquée et peu étudiée, ne permet pas, en vue surtout des circonstances locales, de traiter de la même manière que les autres parties du Code, mais qui doivent être traités différemment et séparément.

c) Y a-t-il lieu, toujours et surtout en vue des conditions spéciales du pays, d'incorporer dans le Code quelques parties qu'on ne rencontre pas dans les codes civils d'autres pays?

A la première de ces questions j'étais forcé de répondre par la négative, pensant, avant tout, que le droit de famille, avec tout ce qui s'y rattache, ne forme pas un tout homogène avec le contenu principal du Code, c'est-à-dire avec le droit des biens. L'homogénéité de ses différentes parties entre elles est une condition *sine quâ non* de simplicité, par conséquent de compréhensibilité, sans laquelle son application présenterait des obstacles insurmontables, et le développement harmonique et simultané de toutes ses parties serait entravé. Ces motifs, abstraction faite de la spécialisation, qui est la condition indispensable de tout progrès, de toute amélioration, suffiraient pour rendre plausible l'élimination de tous les éléments hétérogènes. Mais, cela devant m'éloigner par trop de la pratique législative des autres pays et des systèmes ordinairement suivis dans la théorie, j'ai jugé nécessaire de justifier mon innovation par des arguments dont, je le crois du moins, on ne saurait nier l'importance.

L'Exposé commence tout d'abord par examiner les divers éléments qui produisent une différence naturelle entre ce qui est appelé « le droit de famille » et le « droit des biens ».

Puis il constate et prouve l'existence de cette distinction chez les Romains; il en retrouve la trace, plus ou moins nette, à travers le moyen âge, au temps de la Renaissance et même plus tard. Il montre enfin que cette différence de nature entre le droit de famille et celui des biens est reconnue dans la science moderne, il est vrai, mais que la tradition se maintient aussi bien dans la théorie que dans la codification, et que ces deux groupes continuent à être traités comme par le passé. Il cite même de curieux exemples tirés de l'un et de l'autre domaine, où, de notre temps, on avait proposé et tenté de traiter chaque groupe indépendamment. Ainsi, vous verrez qu'il y est question d'une codification, encore inachevée, où (en 1878) l'on me fit l'honneur de me consulter, et où l'on peut constater le triomphe du principe que je soutiens.

Après avoir ainsi établi que même dans la science moderne on reconnaît en théorie le dualisme entre le droit de famille et celui des biens, et que cette doctrine a eu quelque écho dans la législation, je m'arrête dans l'Exposé à un point de la plus haute importance, et pour lequel je me trouve en désaccord même avec la plupart de ceux qui reconnaissent ce dualisme; — il s'agit de savoir si tels ou tels groupes doivent entrer dans la partie consacrée à la famille, ou dans celle des biens.

L'opinion dominante dans la théorie et dans la pratique législative est, comme vous le savez, que le droit de succession appartient au droit des biens, tandis que je crois devoir le revendiquer, en vue surtout de la forme originale de ces matières chez les Slaves, pour le droit de famille. Du reste, je trouve des appuis à ma thèse dans le droit romain, où l'on voit la succession traitée conjointement avec la famille, phénomène qui se rencontre aussi dans plusieurs sources du droit romano-byzantin, même dans les écrits de quelques auteurs modernes en renom, et surtout dans la législation de cette matière chez les Serbes et les Croates.

Après avoir constaté ce défaut d'homogénéité entre les différentes parties des codes actuels, j'aurais pu me croire, pour cela seul, autorisé à éliminer du corps renfermant le « droit des biens » toutes les parties que je regarde comme hétérogènes. Pourtant je ne sais pas si ce fait à lui seul m'eût décidé à ne pas suivre le système traditionnel et dominant.

Je me suis alors posé une autre question, — la deuxième de celles que j'ai citées plus haut, — tout à fait indépendante de la précédente, à savoir : si le droit de famille, avec tout ce qui s'y rattache, est susceptible, — en vue de la nature originale de ses éléments constitutifs, de la multiplicité des formes de cette institution dans le pays, de l'insuffisance des études faites jusqu'à présent de ces différentes formes et de leurs rapports mutuels[1], enfin de l'ensemble des conditions spéciales de ce peuple — si ce droit, dis-je, est susceptible d'être

---

1. Voyez ma brochure « De la forme Inokosna de la famille rurale chez les Serbes et les Croates ». — Paris, 1884.

englobé dans un système de lois d'une telle étendue et auxquelles on veut donner, sinon l'immobilité, du moins une stabilité toute particulière? Ici, je l'avoue, mon hésitation est tombée et je me suis décidé naturellement pour la négative; ce sont même ces circonstances surtout qui m'ont obligé à procéder à l'élimination dont il s'agit. Si Savigny, dans la première moitié de notre siècle, prétendait que la science de l'époque n'était pas à la hauteur d'une codification du droit civil, je me crois autorisé à penser aujourd'hui comme lui pour la science de notre temps, du moins pour ce qui concerne les éléments de la famille nationale chez les Slaves[1].

Je ne vais pas, toutefois, jusqu'à rejeter en principe la possibilité d'opérations législatives dans le droit de famille, mais il faudrait que ces opérations fussent distinctes, pratiquées de façon à correspondre à la nature spéciale de la matière, en tenant compte surtout, dans la plus large mesure, de la prodigieuse quantité d'éléments moraux dont cette institution est remplie.

Je ne puis ici entrer dans le développement des preuves, des arguments, des comparaisons touchant cette question; il faut le lire dans l'Exposé même.

Je dois seulement vous dire que, tout en regardant comme nécessaire d'exclure du Code le droit de famille, j'ai cru cependant indispensable d'y incorporer les règles concernant les biens, en tant qu'elles régissent les rapports non des membres de la famille entre eux, mais de la famille et de ses membres avec le monde extérieur. L'incorporation de ces *externa* du reste m'a forcé d'y fixer même certains éléments constitutifs de la famille.

1. Voyez la brochure susmentionnée.

Il me paraît tellement important d'éliminer le droit de famille et ce qui s'y rattache (les *externa* exceptés) et de traiter ces parties indépendamment et d'une manière particulière, que je regarde cette double opération comme une condition indispensable de tout progrès dans la législation civile, non seulement du Montenegro, mais encore de tous les pays slaves ayant conservé dans le domaine du droit, plus ou moins intactes, les institutions nationales.

Après avoir énuméré les principales conséquences heureuses qu'aurait cette élimination, et pour le travail de codification et pour les lois spéciales, l'Exposé passe à l'examen de la troisième question, à savoir : si le Code doit être pourvu, par suite des circonstances locales, de quelques parties que ne présentent pas les autres codes. La réponse est affirmative. Une partie explicative paraît en effet indispensable, et on peut constater, du reste, l'existence des éléments de cette partie dans la codification de Justinien (voir p. e. les titres : de regulis juris, de verborum significatione, etc.), dans le droit romano-byzantin, dans les lois anglaises, dans celles de l'Amérique du Nord, etc. Remarquez en outre que la plupart de ces pays étaient pourvus, lors de la codification, d'écoles de droit, où ceux qui s'occupaient de lois recevaient une instruction spéciale, écoles que le Montenegro ne possède pas.

On ne saurait donc taxer de superflue, dans le Code, une partie explicative, quand il s'agit d'un pays recevant, pour la première fois, des lois systématiquement rédigées. En outre, cette partie comprenant les définitions, toutes les autres se trouvent ainsi dégagées de ces nombreuses règles didactiques, dont le mélange aux dispositions légales, critiqué toujours, n'a jamais été évité.

Si, malgré l'élimination dont je viens de parler, le volume du Code se trouve ainsi être augmenté, ce qui est à regretter, — il atteint en effet ou dépasse en étendue certains autres codes, celui de Serbie, par exemple, qui, tout en ayant adopté les limites ordinaires des autres codes civils, a près de cent articles de moins, — cela tient non seulement à l'addition de cette partie explicative, mais encore à l'introduction de plusieurs matières nouvelles ou plus complètes qu'ailleurs.

Ainsi ce travail de codification comprend : les dispositions générales préliminaires, précédées des règles concernant l'action des lois et, dans une assez large mesure, celles du droit international privé; — les règles de ce qu'on appelle « sujet de droit » (*jus personarum*); — les *externa* du droit de famille, auxquels sont ajoutés les *externa* de la tutelle et de la curatelle; — le droit réel; — les obligations de toutes les catégories de sources (la principale de celles-ci, c'est-à-dire les contrats, a sa partie générale et spéciale); — enfin, la partie explicative et complémentaire, relative à toutes les divisions du Code.

De cette manière, l'appellation par trop vague de « code civil », si souvent critiquée, partout incomprise du peuple, mais qui pourrait, en outre, au Montenegro, pour des motifs spéciaux, amener une regrettable confusion, cette appellation, dis-je, sera évitée pour être remplacée par cette autre qui, à mon avis, est aussi simple que naturelle : « Code général des biens. »

III

Après avoir fixé les limites extérieures du Code, il fallait en poser les limites, pour ainsi dire, intérieures. Par cette expression il faut entendre, d'un côté, les différentes institutions à comprendre dans le Code, de l'autre, le développement à donner à chacune d'elles.

Des institutions comprises dans le Code, l'Exposé ne cite que celles qui ne se trouvent pas dans la coutume, ou qui du moins n'y existent qu'à l'état embryonnaire, et celles qu'on ne rencontre pas généralement dans les autres codes. Il donne toutefois, sommairement, les motifs de cette innovation.

Parmi celles qui ne se trouvent pas dans la coutume, et qui pourtant ont dû être incorporées dans le Code vous remarquerez : les formalités exigées pour la transmission de la propriété des immeubles, les servitudes, l'hypothèque, la possession, l'usucapion, la prescription. Dans la seconde catégorie, sont à noter : le droit de préemption des immeubles, reconnu aux membres du *bratstvo* et du *pleme;* les rapports entre voisins (ce qui dans quelques codes est improprement appelé servitudes légales); l'antichrèse et plusieurs espèces de contrats d'un caractère exclusivement agricole.

Quant au développement propre à chacune de ces institutions, j'en donne les traits principaux, tout en constatant, par des exemples tirés de la théorie et de la pratique législatives, qu'il est impossible d'établir d'avance à ce sujet des règles générales, ce développement devant être en rapport avec la nature des différentes institutions, avec les besoins qui les ont fait naître, les abus qu'on se propose de réprimer, etc. Les *rara*, les *minima*, les points controversés, qu'on croit généralement devoir exclure des codes, peuvent même présenter des cas qui obligent le codificateur à en tenir compte.

Pour ce qui est de la brièveté, si recommandée par la plupart des théoriciens de législation, je dé-

clare ne pouvoir l'accepter comme règle générale.
Il y a des cas où les détails, les développements
bien compris des institutions, sont absolument exi-
gés par la nature des choses, comme aussi parfois
s'impose la concision la plus rigoureuse.

A ceux qui prétendent fixer des limites au développement des diverses matières d'un code, je me
permettrai de citer un fait très caractéristique : celui
d'une opération législative faite en sens inverse dans
deux pays, sur le même objet, pour arriver au même
résultat de clarté et de précision. Dans le Landrecht
de Prusse, le chapitre traitant la tutelle et curatelle
en 1007 articles, a été remplacé par une loi n'en
contenant que 102 ; et, dans le Code civil de Serbie,
le 4ᵉ chapitre de la Iᵉ partie, traitant le même sujet
en 25 articles, a été remplacé par une loi spéciale
qui en compte 165.

I V

Avant de parler de la distribution et de l'exposition du contenu du Code, j'ai cru devoir me livrer
à quelques considérations sur les rapports de la loi
avec la coutume.

Ces observations m'ont paru ici à leur place, puis-
qu'il s'agit d'une source de droit qui affecte encore
le Code, principalement dans son étendue. Le codificateur, en effet, quelque augmentation d'efforts
qui puisse en résulter, doit, s'il veut atteindre les buts
généraux sus-énoncés, avoir toujours les dispositions de la coutume présentes à son esprit, comme
si elles faisaient partie intégrante de son œuvre.
Aussi, en considérant seulement l'importance que
la coutume a eue jusqu'à présent dans la vie de ce

peuple, il est clair que mon travail devait rentrer dans la catégorie de ce que certains auteurs appellent une *incorporation* et dont le caractère principal est d'être toujours complétée par le droit non écrit.

Il ne peut, en effet, y avoir de doute que les dispositions du Code soient complétées, dans tous les cas où la loi fait défaut, par la coutume; mais la question n'est pas aussi simple, quand il s'agit de savoir quelle action doit exercer la coutume *contra legem*. Sur ce point, comme du reste dans toutes les questions de concurrence entre la loi et la coutume, on constate une grande divergence d'opinions et dans la théorie et dans la pratique législatives; mais ce qui frappe le plus, c'est la contradiction complète dans la manière d'envisager la question. Tandis que la théorie semble trop concéder à la coutume, en la mettant parfois au-dessus de la loi, la législation, au contraire, voudrait plutôt l'écarter au-delà du nécessaire.

Cette contradiction entre la théorie et la pratique législatives ne date pas d'hier; elle se rencontre déjà dans les sources du droit romain, qu'on n'est pas parvenu à concilier, en dépit de tout le talent dépensé et tous les efforts faits dans ce sens jusqu'à nos jours. Cet antagonisme persistant me paraît devoir être attribué à ce fait, que la nature des différentes sources de droit et de leurs rapports réciproques, dans tous leurs phénomènes et dans leur fonctionnement en général, n'a pas encore été, malgré de nombreux travaux, étudiée sur une base vraiment positive. On s'est contenté, dans la plupart des cas, d'opérer plutôt spéculativement sur des abstractions.

Tout en constatant que les moyens législatifs sont impuissants à empêcher, dans la lutte entre une mauvaise loi et une bonne coutume, le triomphe de

celle-ci, il est permis de se demander si, en vue de
l'harmonie toujours complète qui doit régner entre
le Code et la coutume, il est opportun de prévoir
expressément, dans le texte du Code, ces cas de collision. J'ai cru devoir trancher cette question par la
négative, d'autant plus que, dans la partie explicative,
il y est pourvu indirectement et suffisamment. L'Exposé cite, à ce propos, des exemples assez curieux
nous montrant le juge montenegrin, respectueux au
plus haut degré de la volonté du Législateur, appli-
quer tout simplement la coutume *contrà legem*. Ces
observations se terminent par l'énumération des
motifs qui font voir que la collision entre la coutume et le Code, grâce au système adopté par la
codification, ne pouvait être que d'une rareté ex-
trême dans le pays auquel ce Code est destiné.

V

Cette section traite de la répartition des matières
du Code. Il va sans dire que l'on ne pouvait pas
suivre, dans cette opération, le point de vue subjectif
des anciens « naturalistes », qui, prenant l'homme
comme centre, l'entouraient de toute espèce de droits,
dont il pouvait être le sujet. Il fallait donc envisager
objectivement, comme de raison, la masse des dispositions légales, telles qu'elles sont et agissent dans
la vie, et prendre pour règle principale de disposer
les matières d'après l'affinité naturelle que les différentes institutions ont entre elles, en modifiant toutefois, jusqu'à un certain point, cette règle, d'après
les principes suivants : *a.* Faire précéder les matières qui se rencontrent moins fréquemment dans
la vie populaire, de celles dont la fréquence est plus
grande, afin que celles-ci conduisent aux autres,

menant ainsi le lecteur du plus connu au moins connu; — *b*. Faire précéder, autant que possible, les dispositions généralisées, c'est-à-dire abstraites, des éléments concrets.

Sur la base de ce principe, le contenu du Code doit être disposé en six parties et dans l'ordre suivant :

1re partie : Dispositions préliminaires.

2e partie : Droits réels.

3e partie : Différentes espèces de contrats.

4e partie : Contrats en général et autres sources d'obligations.

5e partie : Personnes ou sujets de droit.

6e partie : Explications, définitions et dispositions complémentaires.

Comme vous le voyez, cette répartition des groupes principaux des matières s'éloigne en quelques points importants de celle qu'on trouve habituellement dans les autres codes et dans les manuels de droit civil.

Nous avons d'abord la 6e partie, qui manque tout à fait dans les autres codes, du moins comme groupe distinct. En outre, le groupe « Dispositions préliminaires » occupe la place donnée à la « Partie générale » dans les ouvrages didactiques de droit civil et dans quelques rares codes. Enfin, j'appellerai surtout votre attention sur la place attribuée aux « sujets de droit » et aux « différentes espèces de contrats. »

Rien n'est plus facile à justifier, selon moi, que l'innovation qui a consisté à substituer à la « Partie générale » si étendue, des ouvrages didactiques, les « dispositions préliminaires », si brèves, qu'elles ne font que toucher aux règles fondamentales des matières. Par la brièveté donnée à cette partie, j'ai voulu atteindre un double but ; orienter avant tout le lecteur,

par rapport au contenu, dans la certitude que l'esprit du peuple est tout aussi accessible aux idées d'une grande généralité (droit, loi, justice, etc.), en tant qu'elles ont leur expression dans son langage, qu'aux idées les plus concrètes; — amener ensuite le lecteur, le plus vite possible, aux dispositions mêmes des différentes matières contenues dans le Code. La nécessité de cette brièveté a été reconnue, comme vous le savez, par des autorités telles que Savigny, qui recommande, même pour les cours des Facultés, que la « partie générale » soit aussi brève, aussi succincte que possible; n'avons-nous pas, en outre, l'exemple de codes très connus, qui ont éliminé complètement cette partie, préférant traiter ailleurs les matières qu'on y trouve si développées, dans la plupart des ouvrages didactiques.

Que les « Personnes » soient placées dans la cinquième partie, c'est là certainement le point le plus frappant de cette répartition, car ce fait ne se rencontre dans aucun autre code. Cependant, une logique rigoureuse imposait cette manière d'opérer après l'exclusion du Code des matières hétérogènes. Ce procédé, du reste, se justifiait d'autant plus qu'on ne pouvait arriver à la brièveté si désirée, si recommandée pour la partie introductive et préliminaire, que par le déplacement du « jus personarum ».

Pour les autres arguments fournis en faveur de cette innovation, je vous renvoie à l'Exposé. J'ajoute seulement que, malgré tout, il m'a fallu faire une concession au système traditionnel et à ceux qui veulent partout *ab homine principium* : j'ai placé, dans la partie préliminaire et immédiatement après les règles concernant les lois, quelques dispositions générales sur les sujets de droit.

Quant à la place donnée « aux obligations, » je fais remarquer que, dans la plupart des codes, les « différentes espèces de contrats » sont tout simplement englobées dans « les obligations », ne formant qu'un groupe notable de cette importante partie, et que, de plus, ce groupe y est toujours inséré après la partie générale des obligations. Ici, au contraire, une marche tout à fait différente a été adoptée, et, par rapport à ce groupe, il y a une double innovation : d'abord, les « différentes espèces de contrats » forment une partie indépendante ; et en second lieu, cette partie nouvelle a été placée, non pas après, mais avant celle des obligations en général.

Les arguments à l'appui de cette innovation sont assez nombreux ; mais le principal, incontestablement, est celui qui est tiré du principe dirigeant déjà cité, qui fait précéder les dispositions d'un caractère plus général, c'est-à-dire plus abstrait, en tant qu'elles sont moins connues du peuple, des dispositions d'une nature plus concrète.

Après la disposition des parties principales viennent, avec un développement suffisant, les motifs de la répartition des diverses institutions. Partant du même principe qui a servi de base pour la division des parties, il va sans dire que la disposition des diverses institutions présente aussi des différences sensibles avec ce qu'on est habitué à constater dans les autres codes et les ouvrages de théorie.

Pour toutes ces différences et pour l'indication des motifs sur lesquels elles sont basées, je vous engage à vous reporter à l'Exposé même. J'ajoute seulement que les matières de la partie explicative correspondent, quant à leur groupement, aux différentes parties du Code, ce qui facilite les recherches.

Cette partie explicative contient aussi les dispositions complémentaires de certaines institutions d'une nature plus abstraite, plus minutieuse et

d'une application moins fréquente; ces détails
encombreraient et rendraient par conséquent beaucoup moins clairs les endroits où elles sont habituellement placées, et où elles n'eussent pu être
aussi développées. Ainsi la possession, cette matière
hérissée de difficultés — les spécialistes eux-mêmes
en savent quelque chose, — occupera dans l'endroit
habituel une couple d'articles fondamentaux, et le
reste sera renvoyé à la partie explicative, dont la
seconde appellation « complémentaire » se trouvera
ainsi justifiée.

Cette section se termine par l'indication des motifs
qui m'ont fait répartir tous les articles composant
le Code en trois sortes de divisions graduées seulement (partie, chapitre, sous-chapitre). J'ai toujours pensé que rien ne nuit plus à la prompte
compréhension d'une œuvre destinée au peuple,
qu'un grand nombre de divisions et de subdivi-
sions différentes.

Enfin, dans une note assez longue de l'Exposé, sont
classés presque tous les codes civils de l'Europe
et de l'Amérique, au point de vue de la répartition
des matières. Un aperçu de cette répartition dans
chaque code montre une demi-douzaine de types
différents (sans compter les variétés), diversité qui
fournit un nouvel argument à l'appui des affirma-
tions faites plus haut, à savoir que les matières
contenues ordinairement dans les codes civils sont
loin d'être homogènes.

VI

Si, par la délimitation du contenu du Code, par
l'élimination de certaines matières et l'incorporation de certaines autres, par leur disposition dans

l'ensemble, par l'harmonie que je m'efforce d'établir
entre le Code et la coutume, j'ai trahi mon souci
constant de le rendre, dans la plus large mesure,
accessible au peuple; vous ne trouverez pas étonnant
que je me sois tant étendu, dans ce chapitre de
mon Exposé, sur la langue et le style, persuadé que
de cet élément surtout dépend la clarté plus ou moins
grande de mon travail. Je n'en relève ici, du reste,
que quelques points.

Après avoir signalé l'importance de cette question,
importance reconnue par les plus grands théoriciens
de codification, j'examine leur avis sur les différents
points, je les critique, et je fais connaître mes propres
vues. En ce qui regarde le style du Code, j'ai
pris pour règle dominante de me faire bien comprendre
par le peuple, et chaque fois que trop de
concision devait amener l'obscurité, je me suis résigné
à paraître un peu prolixe; — de même que, à
un autre point de vue, je n'ai pas hésité à reproduire
une même disposition en plus d'un endroit, quand
la nécessité s'en faisait sentir.

Dois-je rapporter ici un fait qui prouve ma fidélité
constante au principe dirigeant déjà signalé, même
quand il s'agit de questions qu'on pourrait considérer
comme des détails; je veux parler des titres des
différentes divisions.

Dans tous les codes, ces titres sont formés à la
manière de l'école et ont un sens généralisé, aussi
abstrait que possible, ce qui peut être excellent pour
l'école. Dans mon travail, au contraire, je me conforme
toujours à la règle déjà citée, suivant laquelle
on doit procéder du concret à l'abstrait, du connu au
moins connu. D'après cette règle, le titre « Des droits
réels » par exemple, que nous rencontrons dans
presque tous les codes, devrait être, à mon avis, modifié
de manière à présenter d'abord un élément assez

fréquent et connu pour passer ensuite à l'idée plus générale. Je le rédigerais donc de la manière suivante : « De la propriété et des autres droits réels. »

L'Exposé traite ensuite l'importante matière des termes techniques. Après avoir démontré la nécessité, même pour un code populaire, de recourir au choix de termes techniques et parfois même à la formation de termes nouveaux, je divise toute la masse en différents groupes, j'expose la manière dont ce choix et cette formation doivent se faire, selon la nature de chaque groupe, tout en indiquant les restrictions que les différents cas pourraient recommander. J'avais déjà, il y a quelques années [1], communiqué mes idées sur cette matière; dans mon Exposé, j'y ai apporté, sur quelques points, certaines modifications. Du reste, les termes techniques qui ne se trouvent pas dans la langue du peuple, doivent être rendus intelligibles à tous dans la partie explicative, lorsqu'ils ne l'ont été déjà à l'endroit même où ils se rencontrent pour la première fois.

VII

Dans la dernière division de l'Exposé sont indiqués les matériaux qui pourraient servir d'un côté à une histoire de la codification (organisation extérieure du travail, études préliminaires dans le pays, ordre d'élaboration, lieux où elle a été faite, consultations, lectures du projet, etc., toutes choses qui seraient très intéressantes et très curieuses à plusieurs points de vue), — de l'autre côté, à un exposé de motifs spécial, exclusivement affecté aux diffé-

1. Des termes techniques dans les lois. Spalato, 1870 (en slave).

rentes institutions, en tant qu'il serait reconnu nécessaire après celui dont je viens de donner quelques
aperçus.

Enfin, l'Exposé se termine par des remerciements
aux gouvernements, à leurs organes et à tous les
particuliers qui ont, à un titre quelconque, facilité
au codificateur l'accomplissement de sa tâche.

Septembre 1885.

Paris. — Imprimerie polyglotte A. Labouret, passage Gourdon, 6.

www.ingramcontent.com/pod-product-compliance
Lightning Source LLC
Chambersburg PA
CBHW060537200326
41520CB00017B/5280